Inhalt

Der 2. Energiegipfel - überflüssiger Kaffeeklatsch oder wichtiger Impuls für den Umweltschutz?

Kernthesen

Beitrag

Fallbeispiele

Weiterführende Literatur

Impressum

Der 2. Energiegipfel - überflüssiger Kaffeeklatsch oder wichtiger Impuls für den Umweltschutz?

I.Zeilhofer-Ficker

Kernthesen

- Am 9. Oktober 2006 lud Bundeskanzlerin Merkel zum zweiten deutschen Energiegipfel nach Bonn.
- Hauptpunkte auf der offiziellen Agenda waren die Energieeffizienz sowie die langfristige Sicherung der Energieversorgung im internationalen Umfeld.

- Das Thema Kernenergie wurde auf das Frühjahr 2007 vertagt dann soll ein umfassendes, langfristiges Energiekonzept erarbeitet und diskutiert werden.
- Viele Beobachter zeigten sich vom Gipfel und den fehlenden konkreten Beschlüssen und Ergebnissen enttäuscht.

Beitrag

Kontinuierlich steigende Energiepreise rücken jegliche Fragen der Energiepolitik in den Brennpunkt der Medien und der Gesellschaft. Drohendes Säbelrasseln im Vorfeld des 2. Energiegipfels durch Unternehmenschefs und Politiker ließen die Erwartungen auf konkrete Resultate allerdings schnell schwinden.

Energiekonzepte sind entscheidend für die Umwelt

Die meisten der heutigen Umweltprobleme sind direkt auf Fragen der Energieversorgung von Privathaushalten und Wirtschaftsunternehmen zurückzuführen. Treibhausgase entstehen vor allem bei der Verbrennung von fossilen Energieträgern, gesundheitsgefährdender Rauch und Feinstaub sind darauf zurückzuführen und der drohende Klimawandel wird ohne nachhaltige Energiekonzepte nicht aufzuhalten sein.

Nachhaltige, klimaschonende Energiekonzepte sind gefragt. Nationale und internationale Politiker arbeiten an Aktionsplänen, Gesetzesentwürfen und vielem mehr, damit die künftige Energieversorgung mit möglichst geringen Auswirkungen auf Umwelt und Wirtschaft gesichert werden kann. Im Rahmen dieser Arbeiten hat die EU-Kommission im Oktober 2006 einen Aktionsplan vorgelegt, der Vorschläge zur Steigerung der Energieeffizienz macht. Um rund 20 Prozent soll der Energieverbrauch in der Europäischen Union bis zum Jahr 2020 gesenkt werden, vor allem mit Maßnahmen wie der Begrenzung des erlaubten CO_2-Ausstoßes von Autos, Ökodesign-Richtlinien für Haushaltsgeräte und verschärfte Energievorgaben beim Hausbau. (1)

Der 2. Energiegipfel in Deutschland

Auch führende deutsche Politiker sehen die Energieeffizienz als entscheidend und setzten das Thema als ersten Hauptdiskussionspunkt für den zweiten Energiegipfel am 9. Oktober 2006. Der zweite Schwerpunkt behandelte internationale Aspekte der Versorgungssicherheit. (2), (3), (11), (15)

Das Ziel der von Angela Merkel Anfang des Jahres in Leben gerufenen Gipfelgespräche soll die Entwicklung eines nationalen Energiekonzepts für die Zukunft unter Einbeziehung von Wirtschafts- und Verbraucherverbänden sein. Das Ergebnis der ersten Gespräche im April 2006 waren Investitionszulagen der vier großen deutschen Stromproduzenten Eon, EnBW, Vattenfall und RWE in Höhe von rund 30 Milliarden Euro in moderne Kraftwerke und Leitungsnetze. Die Verbände der Wind- und Solarenergie wollten weitere 40 Milliarden Euro investieren. Nun sollten die zweiten Gespräche konkrete Möglichkeiten zur Energieeffizienzsteigerung aufzeigen, Aktionspläne verabschiedet sowie internationale Aspekte behandelt werden. Die Zusammensetzung des künftigen Energiemess soll dann das beherrschende Thema im geplanten dritten Gipfel im Frühjahr 2007 sein. (4), (5), (6), (7)

Doch nicht alle der 28 geladenen Gesprächsteilnehmer waren mit den geplanten Themen einverstanden - schon im Vorfeld der Gespräche wurde scharf geschossen. Die großen Stromkonzerne nahmen von den Vereinbarungen zum Ausstieg aus der Kernenergie Abstand, wollen die Laufzeiten ihrer Profit bringenden Reaktoren verlängert sehen und drohten mit dem Rückzug ihrer Investitionszulagen bei Ablehnung. Erpressung nannte so mancher Politiker und Verbraucherschützer dieses Vorgehen. Die extrem hohen Strompreise in Deutschland bei exorbitanten Gewinnen der Stromkonzerne sind sowieso vielen ein Dorn im Auge. Grundlose Preiserhöhungen von 43 Prozent seit dem Jahr 2000 werden bemängelt, vor allem da in Resteuropa die Preise nur um neun Prozent gestiegen sind. Neuen Anbietern wird der Netzzugang von den vier Stromgrößen nur unter erschwerten Bedingungen und nach längerer Wartezeit ermöglicht, Profite werden so auf Kosten der Verbraucher optimiert. Von politischer Seite hörte man daher im Gegenzug Forderungen nach einer Verschärfung des Kartellrechts, ja sogar der Ruf nach einer Zerschlagung oder Enteignung der Konzerne wurde laut. Mehr Wettbewerb wird gewünscht und soll gefördert werden. (8), (9), (10), (12)

Gespräch und Ergebnisse

Trotzdem gelang es Angela Merkel, das Gespräch der Politiker mit den Strommanagern, den Vertretern der Industrie (BASF, Thyssen Krupp, Daimler-Chrysler), von Wissenschaftlern und Vertretern aus der Ökostrom-Branche konstruktiv und Ergebnis orientiert zu halten. Die Themen Atomkraft, Preisgestaltung und Wettbewerb wurden nur am Rande gestreift und vertagt. Darüber, dass sich die Energieeffizienz verbessern kann und muss, war man sich einig. (12)

Insgesamt verdoppelt werden soll die Energieeffizienz bis zum Jahr 2020 im Vergleich zu 1990. Dazu muss sich die jährliche Effizienzsteigerung von einem auf drei Prozent erhöhen. Allein der Stromverbrauch soll um 10 Prozent verringert, 20 Prozent Energie bei Gebäuden und fünf Prozent Treibstoff im Verkehr eingespart werden bei gleichzeitigem wirtschaftlichem Wachstum. Es herrschte Einigkeit darüber, dass diese Ziele erreicht werden können, allerdings wurden konkrete Aktionspläne nur kurz vorgestellt. Zu den geplanten Maßnahmen gehörten unter anderem ambitionierte Effizienzstandards für Neubauten und Sanierungen, die KFZ-Steuer soll von CO_2- und Schadstoffausstoß abhängig gemacht und alle Elektrogeräte sollen klar mit ihrem Energieverbrauch gekennzeichnet werden. Auch die zügige Modernisierung des Kraftwerksparks steht auf der Liste, ist allerdings sehr von den Investitionsentscheidungen der Stromkonzerne abhängig. Die Forschungsausgaben für Energieeffizienz sollen auf drei Prozent erhöht, konkrete Vorschläge dafür erarbeitet werden. (3), (12), (13), (14), (15)

Das zweite Schwerpunktthema befasste sich mit den Importen von Öl und Erdgas und die damit verbundene Abhängigkeit von den Lieferanten in Russland und im Nahen Osten. Eine Diversifizierung der Bezugsquellen und internationale Vernetzungen mit energiereichen Ländern wird angestrebt. Merkel möchte die EU-Ratspräsidentschaft und den G8-Vorsitz in 2007 nutzen, die Energieversorgungssicherheit international zum Thema zu machen. Außerdem will sie sich für die zügige Fortführung des Kyoto-Prozesses stark machen. (12), (13), (14)

Die Stimmen zum Gipfel waren vielfältig. Während die Kanzler von konstruktiven und kooperativen Gesprächen berichtete, nannten kritische Kommentare das Ergebnis enttäuschend, weichgespült oder gar eine fadenscheinige Konsenspolitik. Viele halten die Themen Wettbewerb und Atomausstieg für zu wichtig, um Entscheidungen darüber ein halbes Jahr zu verschieben. Ob nun wenigstens die Energieeffizienzprogramme zügig in Angriff genommen werden, bleibt abzuwarten.

Fallbeispiele

Offshore-Windkraftwerke sollen künftig einen beachtlichen Beitrag zur Stromversorgung mit erneuerbaren Energien beitragen. In einer Kooperation zwischen EWE, EON, Vattenfall und den Windenergieanlagen-Herstellern REpower und Multibrid sollen bis 2008 zwölf 5-MW-Windräder vor der Insel Borkum entstehen. Das Bundesumweltministerium stellt für die ökologische Begleitforschung 50 Millionen Euro bereit. (21)

Bereits jetzt kämpfen Windenergieproduzenten allerdings mit dem Problem fehlender Leitungskapazitäten. In Schleswig-Holstein können zehn bis zwanzig Prozent der möglichen Jahresleistung nicht eingespeist werden, weil die Leitungskapazität nicht ausreicht. Zuständige Netzbetreiber schieben den schwarzen Peter der Politik zu die Genehmigungsverfahren für neue Hochspannungsleitungen dauerten zu lange. (22)

Vattenfall plant ein hocheffizientes Kohlkraftwerk, das kein CO_2 mehr an die Luft abgibt. Dieses erste CO_2-freie Pilotkraftwerk soll bereits 2008 in Betrieb gehen. Das bei der Energieproduktion entstehende CO_2 soll abgeschieden und unterirdisch eingelagert werden. (23)

Weiterführende Literatur

(1) Europäer sollen Strom sparen
aus Süddeutsche Zeitung, 18.10.2006, Ausgabe Deutschland, S. 23

(2) Geladen zum Energiegipfel Das Thema Atomkraft sollte im Kanzleramt heute eigentlich ausgespart werden – doch es überlagert alles andere
aus Frankfurter Rundschau v. 09.10.2006, S.2, Ausgabe: R Region

(3) Deutschland soll bis 2020 Energieverbrauch halbieren
aus Berliner Morgenpost, 10.10.2006, Nr. 277, S. 2

(4) Bundesregierung in Sorge über hohe Strompreise
aus Frankfurter Allgemeine Zeitung, 10.10.2006, Nr. 235, S. 11

(5) Energiegipfel mit großem Programm
aus www.powernews.org Meldung vom 20.09.2006 - 09:30

(6) Drückeberger
aus Frankfurter Allgemeine Zeitung, 10.10.2006, Nr. 235, S. 1

(7) Energiegipfel im Konflikt
aus www.powernews.org Meldung vom 09.10.2006 - 14:01

(8) Bundesregierung will Energiewettbewerb vorantreiben
aus Stuttgarter Zeitung, 10.10.2006, S. 12

(9) Fiedler, Friedhelm, Ein schlüssiges Konzept ist nötig, Rhein-Zeitung, 10.10.2006
aus Stuttgarter Zeitung, 10.10.2006, S. 12

(10) Gabriel warnt Stromkonzerne vor Erpressung
aus netzeitung.de vom 07.10.2006

(11) Der schlafende Riese In der Energieproduktion bedarf es größerer Effizienz für mehr Innovationen, Klimaschutz und Beschäftigung / Von Sigmar Gabriel
aus Frankfurter Rundschau v. 11.10.2006, S.7

(12) Energiegipfel: Merkel setzt auf Effizienz
aus HANDELSBLATT online 10.10.2006 06:00:00

(13) Gipfel: Einigung auf Effizienz und internationale Strategie
aus www.powernews.org Meldung vom 10.10.2006 - 13:19

(14) Von Energie und Widerstand
aus HANDELSBLATT online 04.10.2006 06:00:00

(15) "Wir müssen den Energieverbrauch halbieren"
aus DIE ZEIT Nr.41

(16) Merkel setzt Atomkraft auf die Agenda
aus HANDELSBLATT online 11.10.2006 06:00:00

(17) Streit um Kernkraft überschattet Energiegipfel

aus Süddeutsche Zeitung, 10.10.2006, Ausgabe Deutschland, S. 19

(18) Gabriel will Erneuerbare effizienter machen
aus www.powernews.org Meldung vom 22.09.2006 - 10:02

(19) Energiesparen mit System Beim Energiegipfel geht es auch darum, wie sich der Energieverbrauch reduzieren lässt: Nötig wäre ein neuer Fonds, um den Kauf sparsamer Heizkessel und Motoren zu fördern
aus taz, 09.10.2006, S. 15

(20) O.V., Grüne Lückenschließer Öko Branche will genug Strom anbieten, Wiesbadener Kurier, Main-Taunus-Kurier, 10.10.2006
aus taz, 09.10.2006, S. 15

(21) Berliner Tagebuch
aus www.powernews.org Meldung vom 04.10.2006 - 08:44

(22) Jedes fünfte Windrad im Norden steht still Stromnetze überlastet: Ausbau erneuerbarer Energien stockt - Kritik an Infrastrukturgesetz
aus DIE WELT, 14.10.2006, Nr. 240, S. 11

(23) "Aus der Politik weht uns der Wind heftig um die Ohren" Nach dem Energiegipfel im Kanzleramt sind zentrale Fragen der künftigen Versorgung mit Strom und Gas offen. Vattenfall-Chef Klaus Rauscher will sich nicht die Schuld für hohe Preise geben lassen.

aus Frankfurter Rundschau v. 16.10.2006, S.2, Ausgabe: R Region

(24) Merkel macht die Kernenergie zur Chefsache
aus Frankfurter Allgemeine Zeitung, 11.10.2006, Nr. 236, S. 14

Impressum

Der 2. Energiegipfel - überflüssiger Kaffeeklatsch oder wichtiger Impuls für den Umweltschutz?

Bibliografische Information der deutschen Nationalbibliothek

Die Deutsche Nationalbibliothek verzeichnet diese Publikation in der deutschen Nationalbibliografie; detaillierte bibliografische Daten sind im Internet über http://dnb.d-nb.de abrufbar.

ISBN: 978-3-7379-1469-7

© 2015 GBI-Genios Deutsche Wirtschaftsdatenbank GmbH, Freischützstraße 96, 81927 München, www.genios.de

Alle Rechte vorbehalten. Dieses Werk ist einschließlich aller seiner Teile – z.B. Texte, Tabellen und Grafiken - urheberrechtlich geschützt. Jede Verwertung außerhalb der Grenzen des Urheberrechtsgesetzes bedarf der vorherigen Zustimmung des Verlags. Dies gilt insbesondere auch für auszugsweise Nachdrucke, fotomechanische Vervielfältigungen (Fotokopie/Mikroskopie), Übersetzungen, Auswertungen durch Datenbanken oder ähnliche Einrichtungen und die Einspeicherung und Verarbeitung in elektronischen Systemen.